Inhalt

Neuregelungen des IDW-Standards zur Durchführung von Unternehmensbewertungen

Kernthesen

Beitrag

Fallbeispiele

Weiterführende Literatur

Impressum

Neuregelungen des IDW-Standards zur Durchführung von Unternehmensbewertun

A.Kaindl

Kernthesen

- Die zurzeit gültigen Bewertungsstandards, die Wirtschaftsprüfer bei Unternehmensbewertungen anwenden müssen, eröffnen den Aktionären Spekulationsmöglichkeiten im Rahmen von Unternehmensübernahmen.
- Die Grundsätze zur Durchführung von Unternehmensbewertungen werden momentan vom Institut der Wirtschaftsprüfer überarbeitet, da die

bisher gültigen Bewertungsstandards wirtschaftliche und steuerliche Sachverhalte nicht sachgerecht abbilden.
- Die Berücksichtigung dieser in Kürze in Kraft tretenden Veränderungen werden in der Tendenz zur Ermittlung niedrigerer Abfindungen führen, nach Einschätzung von Experten zwischen 20 und 30 Prozent.

Beitrag

Spekulationsmöglichkeiten der Aktionäre auf dem Übernahmemarkt

Seit den Übernahmen von Phoenix durch Continental und von Celanese durch Blackstone wurde vielen Aktionären klar, dass sich in der Bundesrepublik Deutschland bei Übernahmen ohne viel Risiko viel Geld verdienen lässt. Solange genügend Aktionäre ein Übernahmeangebot annehmen, um etwaige Annahmeschwellen zu überschreiten und damit das Übernahmeangebot zu einem Erfolg führen, geht es danach im Grunde nur noch um die Höhe des Nachschlags für diejenigen, die bislang nichts zum Gelingen der Transaktion beigetragen haben. Denn das Abfindungsangebot, welches der Bieter bei Abschluss eines Beherrschungs- und Gewinnabführungsvertrages oder bei einem Squeeze-out an die noch ausstehenden Aktionäre vorlegen muss, entspricht in der Regel mindestens dem Angebotspreis, ist aber mit hoher Wahrscheinlichkeit substanziell höher. (1)

Bei einem Squeeze-out kann die Hauptversammlung auf Verlangen eines Hauptaktionärs, dem Aktien in Höhe von mindestens 95 Prozent gehören, die Übertragung der Aktien der Minderheitsaktionäre gegen Gewährung einer angemessenen Barabfindung beschließen.

Diejenigen, die auf eine höhere Abfindung spekulieren, können nicht selten doppelt profitieren: Die im Rahmen des Übernahmeangebots gebotenen Preise enthalten meist schon eine Übernahmeprämie. Hinzu kommt eine Minderheitenprämie, die der Bieter den noch ausstehenden Aktionären im Rahmen eines Abfindungsangebots zahlen muss, um die Transaktion abschließen zu können. Die Grundlage für diese Spekulationen bildet der vom Institut der Wirtschaftsprüfer erarbeitete Standard: Grundsätze zur Durchführung von Unternehmensbewertungen (IDW S 1), dem zufolge bei Abfindungen eine bestimmte Bewertungsmethode anzuwenden ist, die systematisch zu überhöhten

Werten führt. Hierbei handelt es sich um die Bewertungsvorschriften zur Ertragswertmethode, die Wirtschaftsprüfer bei Unternehmensbewertungen anwenden müssen. Die Ertragswertmethode lässt die Kapitalmarktbewertung des Unternehmens unberücksichtigt und bildet steuerliche Sachverhalte nicht sachgerecht ab. Der vom Institut der Wirtschaftsprüfer (IDW) erarbeitete Standard IDW S 1 enthält Regelungen, nach denen Wirtschaftsprüfer als neutrale Gutachter Unternehmensbewertungen vornehmen. Solche Unternehmensbewertungen sind z.B. aufgrund aktienrechtlicher Regelungen zum Ausschluss von Minderheitsaktionären (Squeeze-out) ebenso wie beim Abschluss von Unternehmensverträgen (z.B. Beherrschungs-, Gewinnabführungs- und Eingliederungsverträge) erforderlich. (1), (3)

Die bisher geltenden Unternehmensbewertungsvorschriften führten in einigen Fällen dazu, dass kein Übernahmeangebot abgegeben wurde, weil sich aus Sicht der Bieter aufgrund der Kombination aus Übernahme- und Minderheitenprämie dieses sich nicht mehr zu rechnen schien. Andere Transaktionen ließen sich nur auf Kosten der Mehrheit der Aktionäre realisieren. Ohne die Erwartung der Bieter, den ausstehenden Aktionären eine zusätzliche Minderheitenprämie zahlen zu müssen, hätte der großen Mehrheit der

Aktionäre ein höherer Preis geboten werden können. (1)

Gründe für erhöhte Abfindungswerte aufgrund des bislang gültigen IDW S 1

Nach der im IDW S 1 normierten Ertragswertmethode ermittelt der Wirtschaftsprüfer den objektivierten Unternehmenswert, indem die erwarteten finanziellen Überschüsse auf den Bewertungsstichtag abgezinst werden. Als Diskontierungssatz unterstellt das IDW einen Zinssatz in Höhe von festverzinslichen Wertpapieren plus Risikozuschlag. IDW S 1 schreibt nicht nur die Bewertungsmethodik vor, sondern setzt auch für den spezifischen Bewertungszweck der Abfindung bestimmte Bewertungsprämissen. Hierzu gehört der Ansatz fiktiver persönlicher Einkommensteuern eines typisierten Investors. Für den objektivierten Unternehmenswert soll ein persönlicher Einkommensteuersatz von 35 Prozent angenommen werden. Da Dividendeneinkommen in der BR Deutschland nur zur Hälfte besteuert werden, kommt ein halbierter Steuersatz von 17,5 Prozent zur Anwendung und kürzt die Dividendenzahlungen entsprechend. (1), (7)

Während also die Ausschüttungen an die Aktionäre mit 17,5 Prozent besteuert werden, wird die unterstellte Alternativanlage, die als Basis für die Ermittlung des Diskontierungssatzes herangezogen wird, mit 35 Prozent besteuert. Es wird damit unterstellt, dass die Alternativanlage keine Dividenden-, sondern Zinseinkünfte darstellt. Der Diskontierungssatz sinkt aufgrund der Anwendung des ungeschmälerten Steuersatzes im Vergleich zu den Ausschüttungen, die ja nur um 17,5 Prozent reduziert werden, überproportional, und der Unternehmenswert nimmt wegen der unterschiedlichen Steuersätze im Zähler und im Nenner der Bewertungsgleichung signifikant zu. (1)

Dieser Sachverhalt ist den Marktteilnehmern bekannt und war zumindest in der jüngeren Vergangenheit Teil der Spekulation zugrunde liegenden Kalkulation. Auch die Wirtschaftsprüfer haben das Problem erkannt und sind derzeit dabei, die Grundsätze zur Ermittlung von objektivierten Unternehmenswerten zu ändern. Der Hauptfachausschuss des Instituts der Wirtschaftsprüfer wird in Kürze einen modifizierten Entwurf des IDW S 1 beschließen und veröffentlichen bzw. zur Diskussion stellen. (2)

Wesentliche Änderungen des überarbeiteten Entwurfs des IDW S 1

Bisher wurde der zur Abzinsung verwendete Kapitalisierungszinsfuß aus der Rendite eines festverzinslichen Wertpapiers abgeleitet. Künftig sollen am Kapitalmarkt ermittelte Aktienrenditen Ausgangsgröße bei der Bestimmung des Kapitalisierungszinsfußes sein. Dahinter steht der Gedanke, dass Aktien als Alternativanlage besser mit dem zu bewertenden Unternehmen vergleichbar sind als festverzinsliche Wertpapiere. Werden Aktien als Alternativanlage unterstellt, müssen auch die maßgeblichen Besteuerungsfolgen (Steuerfreiheit von Kursgewinnen, Besteuerung von Dividenden nach dem Halbeinkünfteverfahren) berücksichtigt werden, da der Unternehmenswert nach Ertragsteuern der Unternehmenseigner zu ermitteln ist. (1), (2)

Darüber hinaus erfolgt eine Abkehr von der Vollausschüttungsannahme. Bei der Bestimmung der erwarteten Überschüsse wird bislang davon ausgegangen, dass das Unternehmen den Gewinn voll ausschüttet. Auch dies ist mit Einführung des Halbeinkünfteverfahrens bei der Dividendenbesteuerung keine realistische Annahme mehr. Analysen zeigen zudem, dass die durchschnittlichen Ausschüttungsquoten bei 40 bis 70 Prozent liegen. Daher ist es sachgerecht, nicht mehr grundsätzlich davon auszugehen, dass die prognostizierten Gewinne voll ausgeschüttet werden, sondern eine Annahme über das wahrscheinliche Ausschüttungsverhalten zu treffen. Bei Kapitalgesellschaften soll für die erste Phase des Prognosezeitraums die Ausschüttung aus dem Unternehmenskonzept abgeleitet werden. Für die zweite Phase soll unterstellt werden, dass sich das Ausschüttungsverhalten des Unternehmens an der Alternativanlage ausrichtet. Dabei ist auch eine Annahme darüber zu treffen, wie die im Unternehmen zurückbehaltenen Gewinne verwendet werden. (2)

Die Berücksichtigung dieser in Kürze in Kraft tretenden Veränderungen werden in der Tendenz zur Ermittlung niedrigerer Abfindungen führen als die Anwendung der geltenden Grundsätze des IDW S 1, nach Einschätzung von Experten in der Regel zwischen 20 und 30 Prozent, in besonderen Fällen sogar um bis zu 40 Prozent. (2), (7)

Fallbeispiele

Die bisher geltenden Grundsätze zur Durchführung von Unternehmensbewertungen hatten nicht nur zur Folge, dass spekulative Aktivitäten zum Beispiel durch Hedge Fonds bei öffentlichen Übernahmen erheblich anstiegen, sondern auch, dass mögliche Übernahmen zum Schaden aller Aktionäre zunehmend gefährdet wurden. Im Falle von Phoenix/Continental wurde die gesetzliche Annahmeschwelle von 75 Prozent nur knapp erreicht, da offenbar viele Aktionäre darauf hofften, dass es schon genug andere geben werde, die den Erfolg des Übernahmeangebots bei 15 Euro pro Aktie sicherstellen würden. Die Aktionäre, die das Angebot nicht angenommen hatten, können sich nun für einen Preis von 18,89 Euro pro Aktie abfinden lassen, der auf der Basis eines Wirtschaftsprüfergutachtens nach dem bisherigen Bewertungsstandards ermittelt wurde. Die 75,6 Prozent der Aktionäre, die das erste Übernahmeangebot angenommen hatten, müssen sich mit 15 Euro pro Aktie begnügen. (1)

Die volle Übernahme der Hoechst AG kommt dem weltweit drittgrößten Pharmakonzern Sanofi-Aventis teurer als ursprünglich vorgesehen. Nach der Übernahme von Aventis durch Sanofi-Synthélabo war der Erwerber automatisch verpflichtet, für die knapp

2 Prozent freien Hoechst-Aktionäre - 98 Prozent lagen bei Aventis - ein am Marktkurs orientiertes Übernahmeangebot zu unterbreiten. Da die Hoechst-Aktie über viele Monate um 51 Euro pendelte, war die Offerte von 51,23 Euro wenig überraschend. Die Hoechst-Aktie notierte seither in Erwartung der zugleich schon angekündigten Zwangsabfindung des Streubesitzes oberhalb der Übernahmeofferte, die entsprechend geringen Erfolg hatte. Auf der voraussichtlich letzten Hauptversammlung der Hoechst AG am 20. Dezember 2004 wurde den verbliebenen Aktionären eine Barabfindung von 56,50 Euro angeboten. Laut Aussage von Sanofi-Aventis berücksichtigt die Barabfindung den Unternehmenswert auf Grundlage einer Ertragswertbewertung und des durchschnittlichen Börsenkurses der vergangenen drei Monate. Die Ertragswertberechnung wurde von Aktionärsvertretern in Zweifel gezogen. Die Überprüfung des Abfindungsangebotes per Spruchstellenverfahren wurde angekündigt. (4), (5), (6)

Die Telekom hat Anfang Oktober 2004 angekündigt, die Aktien ihrer im April 2000 zum Stückpreis von 27 Euro an die Börse gebrachten Tochter zu übernehmen. Dazu bietet die Telekom den T-Online-Aktionären bis zum 4. Februar 2005 die freiwillige Barabfindung über 8,99 Euro je Aktie an, alternativ wird danach ein Umtausch in Telekom-Aktien in Aussicht gestellt. Das Tauschverhältnis steht allerdings noch nicht fest. Der T-Online Vorstand hat das freiwillige Barangebot des Mutterkonzerns Deutsche Telekom als zu niedrig eingestuft. Entscheidend für das tatsächliche Tauschverhältnis ist nicht der Börsenkurs, sondern die Grundsätze zur Durchführung von Unternehmensbewertungen des Instituts der Wirtschaftsprüfer. Derzeit wird der entscheidende Grundsatz überarbeitet, was die Bewertung zusätzlich komplizierter macht. (7), (9)

Die Celanese-Aktie erreicht im Oktober 2004 mit bis zu 45,50 Euro ein nie zuvor gesehenes Kursniveau. Das Chemie- und Kunststoffunternehmen ist damit auf seine alten Börsentage am Markt 2,5 Milliarden Euro schwer. Seit dem 1. Oktober 2004 läuft das nach Abschluss des Gewinnabführungs- und Beherrschungsvertrages vorgeschriebene Abfindungsangebot von 41,92 Euro je Aktie. Der neue Großaktionär Blackstone verfügt nach bisheriger Kenntnis über 84 Prozent der Celanese-Anteile. Mit jedem Rekordstand der Aktie dürfte die Verärgerung der Aktionäre zunehmen, die die ursprüngliche Übernahmeofferte von 32,50 Euro akzeptiert hatten. Gemessen an diesem im Frühjahr 2004 vom Vorstand den Aktionären als angemessen empfohlenen Preis notiert Celanese im Herbst 2004 um 40 Prozent höher. Natürlich spielt es eine Rolle, dass die Spekulanten genau wissen, dass Blackstone dem Abfindungsangebot bei Überschreiten der 95 Prozent einen Squeeze-out folgen lassen wird. (8)

Die Postbank hat den Ausschluss der Minderheitsaktionäre bei der von ihr übernommenen DSL Holding erfolgreich beendet. Die Minderheitsaktionäre erhalten für ihren insgesamt rund 2,5 Prozent umfassenden Anteil eine Barabfindung je Stückaktie von 24,89 Euro. Das ist das Ende einer langen Geschichte. Bereits Anfang Juli 1999 hatte die Postbank den Aktionären der DSL Holding ein freiwilliges öffentliches Angebot für den Erwerb sämtlicher Aktien der DSL unterbreitet. Damals lautete die Offerte auf 16,20 Euro. Ganz zu Ende ist die Geschichte noch immer nicht: Es könnten weiterhin gerichtliche Spruchverfahren zur Angemessenheit der Abfindung angestrengt werden. Sollte sich hier eine höhere Summe als die jetzt festgesetzten 24,89 Euro ergeben, so würde diese höhere Abfindung allen ausgeschiedenen Aktionären der DSL Holding gewährt. (10)

Weiterführende Literatur

(1) Der Spekulation auf höhere Abfindungsangebote dürfte bald vorüber sein
aus Frankfurter Allgemeine Zeitung, 18.11.2004, Nr.

270, S. 25

(2) Unternehmenswerte werden drastisch sinken Neuer Bewertungsstandard für Wirtschaftsprüfer - "Realitätsnähere Kriterien"
aus Börsen-Zeitung, 30.11.2004, Nummer 232, Seite 10

(3) Der wahre Preis der Kontrolle Wie rechtliche Rahmenbedingungen Übernahmen börsennotierter Unternehmen zum finanziellen Wagnis machen
aus Börsen-Zeitung, 13.10.2004, Nummer 198, Seite 2

(4) Sanofi-Aventis zahlt für Hoechst doch mehr Statt 51,23 soll es 56,50 Euro je Aktie geben
aus Börsen-Zeitung, 06.11.2004, Nummer 216, Seite 10

(5) O.V., Letzte Hauptversammlung, Aventis bietet Hoechst-Aktionären Zwangsabfindung von 56,50 Euro, Süddeutsche Zeitung vom 21.12.2004, Ausgabe Deutschland, S. 27
aus Börsen-Zeitung, 06.11.2004, Nummer 216, Seite 10

(6) Wenn die Woche mit Freitag beginnt ... Außerordentliche Hauptversammlung der Hoechst AG streitet um angemessene Barabfindung
aus Börsen-Zeitung, 21.12.2004, Nummer 247, Seite 11

(7) Nerven behalten Das Institut der Wirtschaftsprüfer reformiert die Regeln für Übernahmen in Deutschland. Aktionäre müssen Einbußen befürchten. Die Reform trifft auch T-Online.

aus Capital vom 09.12.2004, Seite 72

(8) Für den Squeeze-out wird neu gerechnet Celanese
aus Börsen-Zeitung, 06.10.2004, Nummer 193, Seite 12

(9) Für T-Online ist das Barangebot der Mutter zu niedrig Vorstand: Der Preis von 8,99 Euro je Aktie liegt unter dem fundamentalen Wert - Keine Empfehlung - Warten auf Tauschverhältnis
aus Börsen-Zeitung, 04.12.2004, Nummer 236, Seite 9

(10) Postbank vollendet Squeeze-out bei DSL
aus Börsen-Zeitung, 06.10.2004, Nummer 193, Seite 5

Impressum

Neuregelungen des IDW-Standards zur Durchführung von Unternehmensbewertungen

Bibliografische Information der deutschen Nationalbibliothek

Die Deutsche Nationalbibliothek verzeichnet diese Publikation in der deutschen Nationalbibliografie; detaillierte bibliografische Daten sind im Internet über http://dnb.d-nb.de abrufbar.

ISBN: 978-3-7379-1323-2

© 2015 GBI-Genios Deutsche Wirtschaftsdatenbank GmbH, Freischützstraße 96, 81927 München, www.genios.de

Alle Rechte vorbehalten. Dieses Werk ist einschließlich aller seiner Teile – z.B. Texte, Tabellen und Grafiken - urheberrechtlich geschützt. Jede Verwertung außerhalb der Grenzen des Urheberrechtsgesetzes bedarf der vorherigen Zustimmung des Verlags. Dies gilt insbesondere auch für auszugsweise Nachdrucke, fotomechanische

Vervielfältigungen (Fotokopie/Mikroskopie), Übersetzungen, Auswertungen durch Datenbanken oder ähnliche Einrichtungen und die Einspeicherung und Verarbeitung in elektronischen Systemen.